CATALOGUE

DE

MANUSCRITS ORIENTAUX

EN LANGUE SANSCRITE,

SUR L'ASTRONOMIE, LA MÉDECINE, ETC.

Ces manuscrits seront mis en vente incessamment; on peut les voir chez M. le second Aumônier de la Charité, à Paris, rue Jacob, 47.

———

Paris, le 15 août 1855.

———

Q

CATALOGUE

DE

MANUSCRITS ORIENTAUX

EN LANGUE SANSCRITE,

SUR L'ASTRONOMIE, LA MÉDECINE, ETC.,

RECUEILLIS DANS LES INDES ORIENTALES

PAR M. L'ABBÉ GUERIN,

Auteur de l'*Astronomie indienne* (1), imprimée à l'Imprimerie royale en 1847,
par autorisation du Roi.

ASTRONOMIE.

Ier Volume in-4°, papier jaune, en caractères bengalis, renfermant :

1. *Shoûrdjyo Shiddhantoh,* सूर्य्यसिद्धान्त:, ouvrage révélé par le *soleil* d'après les Indiens ; c'est le fondement de leur astronomie ; il est regardé comme sacré et divin. — 21 pages.

2. *Brohma Shiddhantoh,* ब्रह्मासिद्धान्त:, traité d'astronomie attribué à Brohmagouptó ; imitation du précédent. — 244 pages.

3. *Djatopotaki,* जातपताकी, ouvrage très-rare et très-ancien ; on y trouve une division des étoiles du zodiaque faite 1571 ans avant l'ère chrétienne. — 14 pages.

(1) Cet ouvrage se vend chez A. Franck, rue Richelieu, 60.

4. *Pontchopokhyh*, पञ्चपत्रि:, ouvrage plus astrologique qu'astronomique. — 3 pages.

5. *Bhashoti*, भास्वती, ouvrage très-estimé de Shotanondoh sur l'astronomie. — 19 pages.

IIe Volume in-4°.

6. *Gorgo Shonita*, गर्गसंहिता, ouvrage de Gorgo, poëte-astronome et astrologue très-renommé. — 297 pages.

7. *Lílavotí*, लीलावती, traité de mathématiques très-ancien, commenté par Bhashkoratchardjya. — 32 pages.

8. *Shoptorishitcharoh*, सप्तर्षिचार:, traité des sept Richis ou étoiles de la grande Ourse, par Vorahoh. — 2 pages.

9. *Shoptorishibitcharoh*, सप्तर्षिविचार:, traité de Sharbobhôoumoh sur les étoiles du pôle nord et d'autres du Zodiaque. — 3 pages.

10. *Shakolyoshonhita*, शाकल्यसंहिता, poëme astronomique très-estimé et très-ancien ; l'auteur est Shakolyo. — 35 pages.

11. *Lílavotí*, suite et IIe partie du n° 7 précédent. Cet ouvrage, attribué à Brohmo Goupto, a été commenté

en l'année 1150 de l'ère chrétienne, par Bhashkora.
— 52 pages.

IIIe Volume in-4°.

12. *Shiddhantoshirômonih*, सिद्धान्तशिरोमेणि:, ouvrage astronomique très-estimé et très-ancien, commenté par Bhashkora. — 43 pages.

13. *Shiddhantoshirômonih Gôladhyaedjyâtpottih*, सिद्धान्तशिरोमेणि: गोलाध्यायज्योत्पत्ति:, même ouvrage que le précédent, mais augmenté et commenté par Bhashkora. — 62 pages.

14. *Gonitototto tchintamonih*, गणिततत्त्वचिन्तामणि:, même ouvrage que le précédent, commenté par Lokhshmidash. — 271 pages.

IVe Volume in-4°.

15. *Shoûrdjyo Shiddantobhashyong*, सूर्य्यसिद्धान्तभास्यं, texte du Shoûrdjyo Shiddhanto, commenté et expliqué par Nrishinghoh. — 202 pages.

16. *Shoûrdjyo Shiddnatotipponoh*, सूर्य्यसिद्धान्ततिप्पण:, texte du Shoûrdjyo Shiddhanto, commenté par Rongonath et Sharbobhôoumoh. — 299 pages.

Ve Volume in-4°.

17. *Shoûrdjyo Shiddhantobiboronong*, सूर्य्यसिद्धन्तविवरणं texte du Shoûrdjyo Shiddhanto, commenté par Dadabhai. — 156 pages.

18. *Shoptorshibitcharoh*, second exemplaire du n° 8. — 3 pages.

19. *Shoptorhibitcharoh*, second exemplaire du n° 9. — 4 pages.

20. *Shakolyoshonhita*, second exemplaire du n° 10. — 43 pages.

21. *Lílavoti*, second exemplaire des n°ˢ 7 et 11. — 78 pages.

22. *Groholaghovo Oudahoronong*, ग्रहलाघवउद्राह्रणं, commentaire accompagné d'exemples du Shoûrdjyo Shiddhanto par Bishonath. — 73 pages.

23. *Shoûrdjyo Shiddhantotipponoh*, suite et fin du n° 16. — 44 pages.

VIᵉ Volume in-4°.

24. *Shrípotirotnomala*, श्रीपतिरत्नमाला, ouvrage de Shrîpoti sur l'astronomie; il a été écrit en l'an 1190 de l'ère chrétienne. — 29 pages.

25. *Shoûrdjyo Shiddhanto*, texte seul; deuxième exemplaire du n° 1. — 17 pages.

26. *Shoûrdjyo Shiddhantobiboronong*, सूर्य्यसिद्धान्तविवरणं, commentaire sur Shoûrdjyo Shiddhanto par Boûdhoroh. — 150 pages.

27. *Vorahi Shonghitayang*, वराहिसंहितायां, poëme as-

tronomique très-estimé ; l'auteur est Vorahoh Mihiroh.
— 4 pages.

VIIe Volume in-4°.

28. *Mokorondobiboronong*, मकरन्दविवरणं, traité d'astronomie pratique par Nrishingo. — 53 pages.

29. *Rajmartondoh*, राजमार्त्तएउ :, ouvrage attribué au fameux roi Bhôja. (Extrait.) — 6 pages.

30. *Hôramokorondôrashî*, होरांमकरन्दोरासी, extrait d'un ouvrage sur les signes du zodiaque et les constellations. — 2 pages.

31. *Dípika*, दीपिका, extrait de cet ouvrage de Shrî Nibashoh sur les signes et les étoiles. — 5 pages.

32. *Shoûrdjyo Shiddhanto Ondahoronoh*, सूर्य्यसिद्धान्तूदाहरण :, extrait du commentaire du Shoûrdjyo. — 11 pages.

33. *Rajmartondoh*, extraits du premier chapitre de cet ouvrage. — 6 pages.

34. *Gonitaraj*, गनितारान्, extrait. — 2 pages.

Ire Planchette, contenant des Pouthis écrits sur des bandes de papier jaune, longues d'un pied et demi et larges de quatre à cinq pouces.

35. *Pouranapondjí*, पुराणापञ्डी, extraits divers de la collection ainsi nommée. — 16 pages.

36. *Shotkrityomouktaboli*, सत्कृत्यमुक्तावली, petite encyclopédie astronomique. — 62 pages.

37. *Dinotchondrika*, दिनचन्द्रिका, ouvrage d'astronomie pratique par Raghobanondo. — 58 pages.

38. *Shiddhanto Rohoshyoh*, सिद्धान्तरहस्ये:, traité d'astronomie pratique par Raghobanondo. — 54 pages.

39. *Shiddhantomondjori*, सिद्धान्तमञ्जरी, traité d'astronomie pratique par Mothouranath. — 30 pages.

40. *Proshnoköoumoudi*, प्रश्नकौमुद्री, traité de gnomonique. — 20 pages.

41. *Raghobabishyoh*, राघवाविस्य:, calcul pour la position des planètes dans les constellations. — 24 pages.

42. *Djonmotithih*, जन्मतिथि:, traité très-rare d'astronomie et de religion panthéistique par Roghounondonoh. — 42 pages.

IIe Planchette.

43. *Pondjikarohoshyoh*, पञ्जिकारहस्य:, collection de tables servant à la composition des almanachs. — 78 pages.

44. *Djyôtishobhidhanong*, ज्योति:अभिधाणं, dictionnaire astronomique. — 16 pages.

45. *Pontchorotnoh*, पञ्चरल:, ouvrage astronomico-astrologique. — 56 pages.

46. *Shoûrdjyo Shiddhanto mondjori,* सूर्य्यसिद्धान्तमञ्जरी, traité d'astronomie pratique renfermant beaucoup de tables. — 48 pages.

47. *Shoûrdjyo Shiddhanto,* texte seul; copie datée de l'an 1195 de l'époque Shone, ou de l'année 1788 de l'ère chrétienne. — 48 pages.

48. *Shoûrdjyo Shiddhanto Rohoshyoh,* traité pratique d'astronomie renfermant beaucoup de tables usuelles. — 50 pages.

49. *Kôshtiprodîpoh,* कोष्ठीप्रदीप :, rouleau de quatre mètres de long sur vingt-trois centimètres de large.

50. *Shonkrantipouthí,* संक्रान्तिपुथी. — 16 pages.

51. *Bhashoti,* second exemplaire du n° 5, mais plus complet. — 76 pages.

IIIᵉ Planchette.

52. *Lognodorponoh,* लग्नदर्पण :; cet ouvrage sur le temps et ses divisions est de Tchondronripoti. — 46 pages.

53. *Djatokamritong,* जातकामृतं, ouvrage de Mothouranath sur la chronologie, les ascensions droites, etc. — 44 pages.

54. *Bhashoti,* troisième exemplaire des nᵒˢ 5 et 51, mais moins complet. — 12 pages.

55. *Bolayoubdoh*, वलायूब्द:, traité astrologique des planètes. — 38 pages.

56. *Shoûrdjyo Shiddhanto Mondjorí Grohonoh*, traité d'astronomie pratique pour le calcul des éclipses. — 40 pages.

57. *Dínobrindoh*, दीनवृन्द:, ouvrage de Mothouranath sur les époques des planètes. — 24 pages.

58. *Shoûrdjyo Shiddhanto Rohoshyoh*, second exemplaire du n° 48. — 36 pages.

59. *Grohoyamonoh*, यह्यामण:, traité des éclipses. — 14 pages.

60. *Djatokpoddhotih*, जातकपद्धति:, traité semblable au précédent; l'auteur est Keshoboh. — 20 pages.

61. *Shoûrdjyo Tchondro Grohonoh*, सूर्य्यचन्द्रयह्ण:, traité pratique pour calculer la position diurne des planètes et les éclipses de soleil et de lune; il contient un grand nombre de tables. — 32 pages.

62. Collection d'Almanachs bengalis manuscrits et de modèles de calculs pour la formation des diverses parties de ces almanachs.

63. Collection d'Almanachs bengalis, imprimés dans le Bengale sur du papier indien.

N. B. On peut avoir une idée de la valeur et de l'importance de chacun de ces livres en parcourant mon *Astronomie indienne*, ou en lisant la *Notice* bien abrégée qui s'y trouve, page 423.

Je cite également bien des fois et je mets à contribution plusieurs d'entre eux dans mon *Astronomie Pratique et moderne des Indiens*, qui paraîtra un jour.   (J. G.)

MÉDECINE, ETC.

Les Pouthis suivants sont écrits en caractères bengalis sur des feuilles oblongues de papier jaune, et presque tous en vers.

1. *Ayour-Vedoh*, आयुर्वेद:, livre sacré et fondamental de la médecine. Goverdhankâl dit que cet Oupovêda a été tiré des quatre Vêdas par Brâhmah, Indra, Dhanouantari, et cinq autres divinités. Il renferme la théorie des maladies et l'indication des médicaments, avec les méthodes pratiques les plus antiques de l'art de guérir. Voir *Recherches asiatiques*, volume I, page 368.

On lit dans trois vers du commencement de cet ouvrage : « Projapoti tira l'Ayour-Vedoh du cœur de « Brahma, le révéla et le fit promulguer par les bien- « heureux Ashouins, médecins du ciel; et un Rishi « le mit en vers. »

Cet ouvrage est très-rare. — 328 pages.

2. *Ayour-Vedoh*, suite du livre précédent. Cette copie est très-ancienne et très-nette. — 230 pages.

3. *Nanayourvedoh*, नानायुर्वेद:, traité fondamental

de médecine pratique; c'est un ouvrage classique dans les écoles. Les mots, ici, sont partagés et souvent annotés, comme cela a lieu, du reste, dans plusieurs de ces livres de médecine, qui ont appartenu à un savant médecin professeur dans le Bengale, et qui sont précieux comme des originaux sous ce rapport, et pour la pureté du texte relativement aux copies ordinaires, car le médecin a examiné chaque mot, l'a séparé et annoté pour en bien expliquer le sens à ses élèves. — 110 pages.

4. *Nanayourvedoh*, autre exemplaire plus ancien du n° 3. — 82 pages.

5. *Nanayourvedoh*, autre exemplaire très-ancien des n°[os] 3 et 4. — 44 pages.

6. *Nanayourvedoh*, autre exemplaire des n°[os] 3, 4 et 5. — 34 pages.

7. *Rougninishtchoeh*, रुग्निनिश्चय:, traité des maladies par Madhobkor; il y a un petit chapitre pour chaque maladie; ainsi les sujets principaux sont : la fièvre, la diarrhée, la dysenterie, les hémorrhoïdes, l'échauffement du sang, les vers intestinaux, l'hémorrhagie, la toux, le hoquet, le vomissement, la folie, l'épilepsie, la goutte, etc., etc., etc.

L'ouvrage est soigneusement annoté. — 272 pages.

8. *Rougninishtchoeh*, autre exemplaire du n° 7. Il est annoté à l'encre rouge; ses mots sont partagés par des

traits rouges. Il est écrit avec un soin minutieux. — 146 pages.

9. *Rougninishtchoeh*, autre exemplaire des n°s 7 et 8. Annoté; copie très-ancienne. Le n° 7 est de 1792; le n° 8 de 1781.

10. *Roshendrotchintamonih*, रसेन्द्रचिन्तामणि:, poëme en vers valmiciens sur la médecine; annoté à l'encre rouge dans le commencement; copie de 1777 de notre ère. — 158 pages.

11. *Sharokŏoumoudí*, सारकौमुद्दी, traité d'hygiène, avec glossaire de mots techniques de médecine. — 60 pages.

12. *Sharokŏoumoudí*, suite du précédent numéro. — 26 pages.

13. *Sharokŏoumoudí*, copie du n° 11. — 46 pages.

14. *Sharokŏoumoudí*, suite du n° 13. — 38 pages.

15. *Roshorotnoh*, रसरत्न:, collection de recettes pour diverses maladies, description de diverses plantes et de divers minéraux qui servent en médecine. — 24 pages.

16. *Narhiprokashoh*, नाडीप्रकाश:, traité de la science du pouls, par Shonsh-Koroshenoh. Les médecins indiens ont tellement perfectionné (d'après eux) cette science, qu'ils connaissent presque toutes les mala-

dies, leur genre, leur espèce, et leur degré de force, par l'observation du pouls sur différentes veines. — 20 pages.

17. *Narhiprokashoh*, ouvrage semblable au précédent; copié par Ranikantodash en 1732; l'auteur inconnu. — 10 pages.

18. *Narhiporikhya*, नाडीपरीक्षा, ouvrage semblable aux précédents; par le mouni Mandhoroh. Ces trois ouvrages sont en vers valmiciens. — 16 pages.

19. *Narhiporikhya*, ouvrage semblable aux précédents; il est en vers; l'auteur est Modgôbindoh, aidé de Gourondhotchorone; il est soigneusement annoté. — 14 pages.

20. *Kamoshashtrong*, कामशास्त्रं, traité de l'homme et de la femme sous le rapport du mariage, ou *tractatus de amore*. — 14 pages.

21. *Roshomondjoríh*, रसमञ्जरी, ouvrage renommé, dans lequel on trouve des remèdes pour chaque maladie; l'explication des médecines et de leur composition. Au chapitre des empoisonnements, par exemple, on parle des poisons tirés des trois règnes de la nature : des animaux, des végétaux et des minéraux. On montre ce qu'ils peuvent contre la consomption, la paralysie, la dysenterie, les rhumatismes, les maux d'estomac, les catarrhes, etc., etc. L'ouvrage est en beaux vers valmiciens. L'auteur s'appelle Shalinath. — 74 pages. — Cette copie est de l'an 1702.

22. *Poribhashamahoh*, परिभाषामाह:, glossaire de mots techniques de la médecine, signes pronostics de diverses maladies. L'auteur est inconnu. L'ouvrage est en vers valmiciens, soigneusement séparés et annotés. La copie est de l'an 1773. — 22 pages.

23. *Poribhashamahoh*, autre exemplaire du numéro précédent; texte très-soigné. — 20 pages.

24. *Poribhashah*, परिभाषा:, ouvrage semblable aux numéros précédents, mais moins précieux. Attribué au génie Dipibhoûtah. — 16 pages.

25. *Pontchoporih*, पञ्चपरि:, ouvrage composé par Narayonedash, à l'imitation des n°^{os} 22 et 23. Il est en vers. — 10 pages.

26. *Tchorokóttorotontrong*, चरकोत्तरतन्त्रं, poëme en vers valmiciens sur la médecine : on y expose la valeur des remèdes pour diverses maladies, comme fièvres, dysenteries, folie, toux, etc., etc. Cet ouvrage est regardé comme révélé par quelque divinité. C'est une collection d'aphorismes médicaux. Texte très-soigné; manuscrit très-ancien. — 48 pages.

27. *Rajbonoubhoh*, राजवनुभ:, poëme en vers valmiciens; composé par Narayonedash, médecin de l'école de Nodhiah. C'est un traité d'hygiène : on y parle des comestibles, des boissons, des frictions et des bains. — 58 pages.

28. *Rogopokhya*, रोगपव्यया, Tontros, ou aphorismes médicaux. — 16 pages.

29. *Vrihote*, वृहत्, fragments d'un livre qui traite des médicaments. — 16 pages.

30. *Nanashashtroh*, नानाशास्त्र:, axiomes sur les bons usages et le bonheur; en vers valmiciens. — 10 pages.

31. *Nanashlôkoh*, नानाश्लोक:, sentences astrologiques et mythologiques pour diverses maladies. — 22 pages.

32. *Yôgorotnaboli*, योगरत्नावली, collection de remèdes et préceptes médicaux pour les maladies externes ou les plaies. L'auteur est un *moûni*. — 48 pages.

33. *Tontrantora*, तन्त्रान्तर, collection d'aphorismes ou de sentences pour expliquer la cause des maladies. L'auteur s'appelle Madob. — 20 pages.

34. *Nanapadoh*, नानापाट:, ouvrage de grammaire sanscrite. — 16 pages.

35. *Mougdhobôdhoh*, मुग्धबोध:, grammaire sanscrite composée par Vopadevah. Ce manuscrit est incomplet; l'écriture est bien nette; il a été copié en 1741. — 180 pages.

36. Fragments de grammaire. — 8 pages.

37. Fragments de grammaire. — 10 pages.

38. *Omrokôshoh*, अमरकोष:, dictionnaire d'Omroshingho, commenté d'un bout à l'autre par des notes marginales. Cette copie est très-ancienne; les mots

sont partagés soigneusement par des traits. Le copiste s'appelle Shôbharamdash. — 186 pages.

39. *Rotnomala*, रत्नमाला, vocabulaire de médecine. Wilson dit qu'il est très-rare et très-précieux (page xxxviij de la préface de son dictionnaire sanscrit imprimé à Calcutta en 1819). Il renferme les noms des drogues végétales et minérales ; c'est un excellent répertoire de pharmacie. Il fait autorité dans la médecine indienne. Cette copie est très-ancienne, elle a plus d'un siècle.

Cet ouvrage, ainsi que le précédent, est en vers valmiciens. — 28 pages.

40. *Nîlokonthoh*, नीलकन्ठ:, commentaire de l'Omorokôshoh, par Gôouri Nîlokontho, en vers valmiciens. Colebrooke s'en est constamment servi ainsi que Wilson. (Voyez page 9 de la préface du dictionnaire de Colebrooke, édition de Calcutta de 1825, et page xxv de la préface du dictionnaire de Wilson.)

Cette copie est de l'an 1686 ; l'écriture est très-nette et parfaitement soignée. — 252 pages.

41. *Padmomohapouranong*, पाद्ममहापुराणं, extrait ; dernière section. — 16 pages. — (Voyez page 378 et la note 32 du Ier volume des *Recherches asiatiques* traduites en français.)

42. *Bhottikavyong*, भट्टिकाव्यं, poëme philosophique de Bhortrihori ; annoté dans les premières pages. — 50 pages.

43. *Nirmolmouk̤amala*, निर्म्मलमुक्तामाला, guirlande de perles religieuses. — 4 pages.

44. *Nanatontrong*, नानातन्त्रं, sentences religieuses avec commentaire. — 10 pages.

45. *Voïshnoubobondhonong*, वैष्णुववन्धनं, petit poëme en l'honneur de Voïshnou, par Nithyanondho, qui vivait en 1731. — 14 pages.

46. *Tchoïtonyotchoritrong*, चैतन्यचरित्रं, histoire du célèbre philosophe Tchoïtonyo, par Trilôtchonedash. Elle est écrite en vers bengalis de différentes mesures, avec des refrains et en rimes. C'est une collection de chansons, d'hymnes, et de pièces de toute sorte, que l'on chante dans tout le Bengale, sur les bateaux du Gange, dans les fêtes, dans les pagodes et dans toutes les assemblées religieuses. (V. l'art. de Wilson, p. 10 du XVIe vol. des *Recherches asiatiques de Calcutta*.) Cette Ire partie a 44 pages. Tout l'ouvrage est très-bien écrit; la copie est ancienne, mais sans date.

47. Même ouvrage. IIe partie. — 64 pages.

48. Même ouvrage. IIIe partie. — 90 pages.

49. *Tchoïtonyotchoritrong*, autre histoire du philosophe Tchoïtonyo, par le médecin Krishnodash. Ire partie; livres 2, 3, 4, 5, 6, 7, 8, 9, 10, 11, 12, 13, 14, 15 et 16. — 114 pages.

50. Même ouvrage. IIe partie. L'auteur, Krishnodash,

écrivait l'an 1557. Livres 1, 2, 3, 4, 5, 6, 7, 8, 9, 10 et 11. — 124 pages.

51. Même ouvrage. IIe partie; livres 1 et 2. — 28 pages.

52. Même ouvrage; IIe partie; livres 20, 21, 22 et 23. — 44 pages.

53. *Brohmoshonghitah*, ब्रह्मसंहिता:, Pouranana très-estimé sur Brahma. L'auteur s'appelle Tidjibogôshâmi. — 80 pages.

54. *Shonkorishongguitong*, शङ्करीसंगीतं, collection de douze drames pour les fêtes des idoles. Imprimé à Calcutta en 1849. — 40 pages.

55. Fragments de divers Pouthis.

56. Papiers de famille; comptes de médecin; lettres, correspondances, etc., etc.

———

N. B. Toute cette bibliothèque de livres de médecine, de grammaire et de religion, a appartenu à une famille de médecins, dont les chefs s'appelaient Ram-mohone, Ram-mohone-dash et Hori-mohone-dash.

Le dernier est mort à Chandernagor en 1833; il n'a point laissé d'héritiers; sa bibliothèque était mise en gage pour une certaine somme d'argent chez un marchand qui me l'a cédée, à condition de n'en rien dire dans le pays et de tàire son nom : il craignait beaucoup la caste des médecins, mais il aimait encore plus l'argent que je lui promettais. Il ne connaissait pas la valeur de ces livres rares et en partie secrets de la médecine.

Je désire que les médecins d'Europe les comparent à ceux des

Grecs et des Romains, et en tirent quelque profit pour le soulagement de l'humanité.

On ne sera pas surpris de voir tant de livres de médecine si bien écrits en sanscrit et en vers, quand on saura que la caste des médecins a toujours cultivé les belles-lettres, et les a puissamment protégées lorsqu'elle régnait à Gour, en appelant à cette capitale fameuse du Bengale cinq des plus savants brahmes de Canouj. C'est de ces cinq brahmes que descendent les brahmes actuels du Bengale, connus sous le nom de *coulines*.

J. GUERIN.

Paris. — Typographie de Firmin Didot frères, rue Jacob, 56.